Inhalt

Lean Production

Kernthesen

Beitrag

Fallbeispiele

Weiterführende Literatur

Impressum

Lean Production

I. Zeilhofer-Ficker

Kernthesen

- Mit den Methoden der "Lean Production" (schlanke Produktion) kann man enorme Produktivitätssteigerungen erreichen.
- Neben der Fokussierung auf die Kernkompetenzen sind die Orientierung am Kunden absolute Notwendigkeit.
- Nur 38 Prozent der deutschen Unternehmen geben an, die Techniken von "Lean Production" gezielt einzusetzen.
- Mit schlanken, am Kunden ausgerichteten, flexiblen Produktionsprozessen werden Durchlaufzeiten reduziert sowie Lagerbestände und Kapitalbindung minimiert.
- Wichtigste Voraussetzung für die erfolgreiche Verschlankung von Prozessen

ist die Einbindung aller Mitarbeiter sowie die Schaffung von flachen Organisationshierarchien.

Beitrag

Lean Production in Deutschland

Obwohl Deutschland nach wie vor als Exportweltmeister gilt, lässt der lang erwartete Aufschwung nach wie vor auf sich warten. Ja, im Gegenteil: Meldungen über Personalabbau und Werksschließungen sind an der Tagesordnung und die Arbeitslosenzahlen stagnieren auf höchstem Niveau.

Anders ist die Situation beispielsweise in Großbritannien oder den USA, obwohl die Wachstumsraten durchaus vergleichbar sind. Der große Unterschied scheint allerdings im Produktivitätswachstum zu liegen. Während die deutschen Unternehmen im Jahr 2003 nur einen Produktivitätszuwachs von rund 27 Prozent erreichen konnten, liegt das Produktivitätswachstum sowohl in Großbritannien als auch in den USA bei rund 36 Prozent. (1)

Große Produktivitätssteigerungen kann man mit den Techniken der Lean Production erreichen. Aber nur rund 38 Prozent der bundesdeutschen Unternehmen geben an, diese gezielt einzusetzen. In den USA liegt dieser Wert bei rund 71 und in Großbritannien bei ca. 60 Prozent. Ein erstaunlich schlechtes Ergebnis für die BRD, zieht man in Betracht, dass das Thema "Lean" schon seit den 90er Jahren in aller Munde ist. (1)

Doch selbst in der Automobilindustrie - Vorzeigebranche von Lean Production - ist noch längst nicht alles so schlank, wie es sein sollte. Wie eine Befragung der Unternehmensberatung Cell Consulting unter den deutschen Automobilunternehmen ergab, können nur rund 8 Prozent von ihnen als wirklich auf ihre Kernkompetenzen fokussiert gelten. (2)

Was zeichnet die schlanke Produktion aus

Soll ein Betrieb verschlankt werden, so ist eine Rückbesinnung auf die Kernkompetenzen sowie die bedingungslose Ausrichtung am Kunden notwendig. Diese Kundenorientierung muss in die Produktionsprozesse einfließen, dass heißt, es wird möglichst flexibel mit möglichst kurzen Lieferzeiten gefertigt. Dabei dürfen aber weder die Qualität der Produkte leiden, noch hohe Lagerbestände aufgebaut werden. Alle Produktionsteile müssen daraufhin überprüft werden, ob sie nicht besser zugekauft werden sollten. (3), (4), (8)

Wirklich schlanke Produktionsprozesse zeichnen sich durch die hohe Qualität der produzierten Güter, durch die Vermeidung von Verschwendung von Ressourcen, durch eine hohe Lagerumschlagshäufigkeit und dadurch geringe Kapitalbindung aus. (3), (4), (5)

Eine Schlüsselrolle kommt den Mitarbeitern zu. Lean Production ohne hochqualifizierte, motivierte, in alle Entscheidungen eingebundene Mitarbeiter ist zum Scheitern verurteilt. Flache Hierarchien sowie die stetige Verbesserung der Abläufe und Prozesse von unten führen nicht nur zu zufriedenen Mitarbeitern, sondern auch zu Produktivitätssteigerungen in oft unerwarteter Höhe. (1), (3), (5), (6), (7)

Es wäre daher ein Trugschluss, wenn man die schlanke Produktion mit Personalabbau gleichsetzen würde. Es hat sich erwiesen, dass die Produktivitätszuwächse durch schlanke Prozesse einen so gravierenden Wettbewerbsvorteil schaffen, dass oft zusätzliche Stellen geschaffen werden, um dem daraus resultierenden Wachstum gerecht zu werden. (1)

Die Techniken

In vielen deutschen Firmen wird immer noch nach optimalen Losgrößen mit hohen Beständen an Roh-, Zwischen- und Fertigwaren produziert. Eine konsequente Ausrichtung der Produktion an die Kundenaufträge sollte deshalb der erste Schritt sein. Das <u>Wertstromdesign</u> hat sich als Methode zur Analyse und Verbesserung der Produktions- und Materialflussströme bewährt. (8), (9), (11)

Ein optimaler schlanker Fertigungsprozess wird nach dem Pull-Prinzip mit Just-in-Time-Fertigung gestaltet. Zur Steuerung des Materialflusses sind die Kanbantechniken unverzichtbar, das First-in-First-out (FIFO) wird konsequent umgesetzt. Die Verkettung und Automatisierung von Material- und Informationsfluss wird angestrebt. (3), (7), (9), (10)

Schon beim Design eines Produkts muss auf die Kundenvorstellungen in technischer und preislicher Hinsicht geachtet werden. Bis zu 80 Prozent der gesamten Lebenszykluskosten einer Ware werden bereits im Entwicklungsprozess festgelegt. So stellt es sich oft als kostengünstiger heraus, nicht nur ein Produkt, das alle Kundenwünsche befriedigt, zu entwickeln, sondern mehrere Varianten, die auf Einzelkundenwünsche zugeschnitten sind. So laufen mittlerweile bei den Autobauern die unterschiedlichst ausgestatteten Fahrzeuge vom gleichen Band. Jedes Modell, vom Grundtyp her gleich, wird mit der vom Kunden gewünschten Ausstattung versehen und ausgeliefert. (11), (12), (13)

Ein häufiger Grund, warum einzelne Maßnahmen zur Verschlankung eines Bereiches misslingen, ist der Mangel an Mitarbeitereinbindung. Schlanke Prozesse können nur mit informierten, motivierten und qualifizierten Mitarbeitern funktionieren. Denn das Innovationspotenzial, das in jedem Mitarbeiter steckt ist erheblich, wenn man ihm die entsprechenden Mittel und die Befugnis zur Änderung erteilt. (1), (5), (7)

Eine flache Hierarchie mit klaren Zielvorgaben und der Entscheidungsbefugnis für Arbeitsabläufe und -Organisation auf Arbeitsgruppenbasis sind dazu notwendig. Die Methoden des KVP (Kontinuierlicher Verbesserungsprozess) helfen, die Ideen und Verbesserungsvorschläge der Mitarbeiter ans Licht zu holen und umzusetzen. Allein durch die Einbindung der Mitarbeiter in Entscheidungsprozesse lassen sich oft Verbesserungen mit hohem Produktivitätsgewinn erreichen. Dass die Mitarbeiter dadurch Veränderungen gegenüber aufgeschlossener werden, ist ein nicht unwichtiger Nebeneffekt. (1), (5), (6), (7)

Qualifizierte und motivierte Mitarbeiter sind außerdem Voraussetzung für qualitativ hochwertige Produkte. Die <u>Six-Sigma-Techniken</u> oder das Null-Fehler-Prinzip bauen auf kontinuierliche Prozessanalysen und -Verbesserungen von unten, also vom Mitarbeiter auf Shop-Floor-Ebene. (4), (5)

Neben dem reibungslosen, durchgängigen Material- und Produktionsfluss ist der zeitgleiche Informations- und Kommunikationsfluss sicherzustellen. Alle relevanten Informationen müssen jederzeit vom Mitarbeiter abrufbar sein bzw. automatisch angezeigt werden. Potenzielle Störungen werden durch Frühwarnungen und sofortiger Aktion im Vorfeld vermieden. (6), (7)

Wie Lean Production umgesetzt werden kann

Um eine gründliche Analyse und Bestandsaufnahme der aktuellen Produkte, Prozesse und Abläufe wird man nicht umhin kommen, will man den Betrieb verschlanken. Die Produktvarianten sollten in Familien eingruppiert werden, die ähnlich produziert werden oder die gleichen Ressourcen nutzen. Gleichzeitig muss überlegt werden, ob alle Teile selbst gefertigt oder besser zugekauft werden sollten. (6), (8), (11)

Dann werden im Pull-Prinzip - also ausgehend von der Auslieferung des Kundenauftrags - optimale Produktions- und Materialflussprozesse entwickelt. Die Erfahrung und Ideen der betroffenen Mitarbeiter sind hierbei unverzichtbar. Beschränkungen technischer oder organisatorischer Art sind auszuschließen, das wirkliche Optimum ist zu dokumentieren. Im Vergleich zwischen bestehendem und optimalem Prozess zeigt sich sofort, an welchen Änderungen man ansetzen sollte. Die schnelle Realisierung von "Quick Wins" ist ein wichtiger Faktor, um Mitarbeiter und Management gleichzeitig zu begeistern und zur weiteren Mitwirkung zu motivieren. (6), (7), (8), (11)

Die Abarbeitung der weiteren Schwachstellen im kontinuierlichen Verbesserungsprozess ist eine logische Folge. Die Aufgabe des Managements besteht in der Unterstützung mit den erforderlichen (Finanz-)Mitteln sowie in klaren und eindeutigen Zielvorgaben. (7)

Fallbeispiele

Beispiele aus der Kraftfahrzeugbranche

Durch die Umstrukturierung der Montagelinien auf "Lean" konnten bei der MAN Salzgitter Effizienzsteigerungen von über fünf Prozent erreicht werden. Gleichzeitig wurden Lagerbestände signifikant reduziert. Die Mitarbeiter sind begeistert und entwickeln kontinuierlich weitere Verbesserungen. (6)

Bei der Mercedes-Benz Car Group nennt sich das Lean-Production-System Mercedes-Benz-Produktionssystem. Es verbindet Pull-Prinzip, KVP, Kanban, FIFO und Just-in-Time zu einem integriertem Gesamtsystem. Die Einbindung und Beteiligung der Mitarbeiter gehört zu den wesentlichen Erfolgsfaktoren. (7)

Bei Ford geht die Fokussierung auf Kernkompetenz so weit, dass die Verantwortung für die gesamte

Produktionsanlage für die Modelle Ford Fiesta und Fusion per Betreibermodell an die Firma Eisenmann übergeben wurde. Die gesamte Produktionsanlage kann in 16 zoombaren Bildern visualisiert werden. (13)

Eine der modernsten Autofabriken der Welt steht bei Opel in Rüsselsheim. Die eine Milliarde Euro teure Fabrik mit Namen "Leanfield" verfügt über modernste Produktionsanlagen nach dem Prinzip des Lean Manufacturing. (15)

Beispiele anderer Branchen

Die WIKA Alexander Wiegand GmbH & Co. KG, mittelständischer Hersteller von Druck- und Temperaturmessgeräten, hat mit der Umstellung auf "Lean" die Durchlaufzeiten von 20 auf fünf Tage reduzieren und die Produktivität um 15 Prozent steigern können. Die Firma setzt dabei bewusst den Menschen in den Mittelpunkt des unternehmerischen Geschehens. (1)

Motivierte und hochqualifizierte Mitarbeiter nennen auch die Drehteilelieferanten Erich Lacher Präzisionsteile GmbH & Co. KG und die Heinrich Hofsäß GmbH & Co. KG als Erfolgsrezept für das Bestehen am Weltmarkt. Schlanke, präzise, flexible

Fertigungsprozesse für die "Null-Fehler-Produktion" führen zur notwendigen Zuverlässigkeit, Flexibilität und Genauigkeit, um gegen die Billiganbieter aus Osteuropa oder Fernost konkurrieren zu können. (5)

Der Handwerksbetrieb Dany Schrankidee nutzt sehr erfolgreich das Lean Production Modell. Durch die Konzentration auf seine Kernkompetenz Schiebetürensysteme und konsequentem Zukauf von Teilen zur Schrankinnenausstattung ist er nicht nur äußerst flexibel, sondern auch absolut konkurrenzfähig.

Als erste Bank Deutschlands arbeitet die Citybank nach den Prinzipien der schlanken Produktion. Durch die Orientierung an den Bedürfnissen des Kunden bei gleichzeitiger Optimierung der Prozesse durch konsequente Reorganisation und Erhöhung der Beratungsleistung konnte im ersten Halbjahr 2004 der Vorsteuergewinn um 42 Prozent erhöht werden. (14)

Die Konzeption der Küche im Krankenhaus der Augustinerinnen in Köln ermöglicht die schlanke Produktion von ca. 300 Essen am Tag. 70 Prozent weniger Lagerbestände, Just-in-Time-Fertigstellung der Speisen sowie geringere Personalkosten wurden dadurch realisiert.

Weiterführende Literatur

(1) Schlank und erfolgreich - Wie schlanke Produktionsstrukturen in der Fertigungsindustrie Innovationen fördern: Das Beispiel WIKA Alexander Wiegand GmbH & Co KG
aus ZWF - Zeitschrift für wirtschaftlichen Fabrikbetrieb, Heft 10/2004, S. 562-565

(2) Die Kernfrage
aus Automobil Industrie Nr. 11 vom 10.11.2004 Seite 018

(3) Schlanke Produktion als Wettbewerbsvorteil in globalen Märkten für Unternehmen in entwickelten Industrien
aus IM Die Fachzeitschrift für Information Management & Consulting, Nr. 01, 2004, S. 84-89

(4) Der Markt für Wertpapierabwicklung muss sich bewegen
aus Zeitschrift für das gesamte Kreditwesen Ausgabe Technik 05 vom 01.12.2004 Seite 024 ·

(5) Präzision in der Masse - Lacher und Hofsäß: Null Fehler als Erfolgsrezept in der Drehteileherstellung
aus fertigung, Heft 11/2004, S. 10-13

(6) Arbeiten im Fluss Lean Production: Veränderungsprozesse in Unternehmen entwickeln und umsetzen

aus INDUSTRIE SERVICE, Heft 11, 2004, S. 24

(7) Schlank und fit
aus Automobil Industrie Nr. 09 vom 08.09.2004 Seite 022

(8) Lean Production so aktuell wie eh und je
aus Maschinenmarkt Nr. 44 vom 25.10.2004

(9) Back to the roots - Wertstromdesign: Mit einfachen Mitteln zu mehr Transparenz in Lager, Fertigung und Produktion
aus materialfluss, Heft 8-9/2004, S. 31

(10) Drei Bausteine für mehr Effizienz
aus Scope, Heft 24, 2004

(11) Lean Production auch für den Mittelstand
aus Maschinenmarkt Nr. 44 vom 27.10.2003

(12) Kanban- und Just-in-Time-Methoden in der Produktentwicklung - Schlanker mit Lean Design
aus CAD CAM, Heft 5/2004, S. 33-35

(13) Hochleistung bei der Komplettmontage
aus Maschinenmarkt Nr. 44 vom 25.10.2004

(14) Industrialisierung im deutschen Bankenwesen
aus Zeitschrift für das gesamte Kreditwesen Ausgabe Technik 05 vom 01.12.2004 Seite 018 ·

(15) Autoindustrie vor dritter Revolution In den Industrieländern gibt es heute noch rund 15 große Fahrzeugkonzerne. In den kommenden Jahren könnte

sich diese Zahl halbieren, prognostizieren Studien.
Überleben und wachsen kann nur, wer seine
Produktion weltweit vereinheitlicht
aus taz, 15.09.2004, S. 7

Impressum

Lean Production

Bibliografische Information der deutschen Nationalbibliothek

Die Deutsche Nationalbibliothek verzeichnet diese Publikation in der deutschen Nationalbibliografie; detaillierte bibliografische Daten sind im Internet über http://dnb.d-nb.de abrufbar.

ISBN: 978-3-7379-1042-2

© 2015 GBI-Genios Deutsche Wirtschaftsdatenbank GmbH, Freischützstraße 96, 81927 München, www.genios.de

Alle Rechte vorbehalten. Dieses Werk ist einschließlich aller seiner Teile – z.B. Texte, Tabellen und Grafiken - urheberrechtlich geschützt. Jede Verwertung außerhalb der Grenzen des Urheberrechtsgesetzes bedarf der vorherigen Zustimmung des Verlags. Dies gilt insbesondere auch für auszugsweise Nachdrucke, fotomechanische Vervielfältigungen (Fotokopie/Mikroskopie), Übersetzungen, Auswertungen durch Datenbanken oder ähnliche Einrichtungen und die Einspeicherung und Verarbeitung in elektronischen Systemen.